D1718073

Ministère de la Culture

Agence Nationale du Patrimoine

UTIQUE

LA SPLENDIDE

Texte de
FETHI CHELBI

OCTOBRE 1996

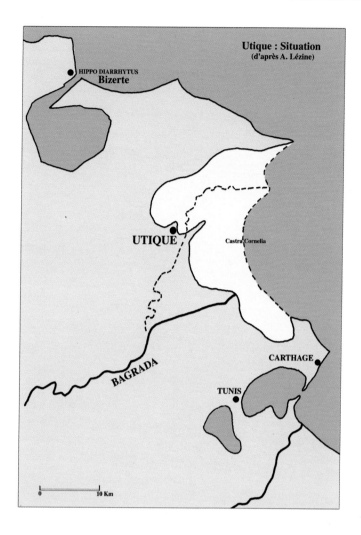

Utique est à une trentaine de kms au nord de Tunis, à mi-chemin entre Bizerte et la capitale. Pour y aller de Tunis, il faut emprunter la route nationale GP8 jusqu'à la petite ville d'Utique moderne, à la hauteur de laquelle on reconnaît à droite, le départ d'une autre route qui mène, au bout de deux kms au musée d'Utique, puis au site.

Le Musée et le site d'Utique sont ouverts à la visite tous les jours de la semaine à l'exception des premiers jours des fêtes de l'Aïd Esseghir et de l'Aïd El Kébir.

Horaires d'hiver
du 16 Septembre au 31 Mars
de 8H30 à 17H30.

Horaires d'été.
du 1er Avril au 15 Septembre.
de 8H00 à 19H00

4

Utique est l'un des sites les plus prestigieux de Tunisie. Elle est après Carthage, l'une des plus illustres cités de l'occident méditerranéen.

Le nom d'Utique, mille fois évoqué par les auteurs de l'antiquité, est resté synonyme de grandeur et de notoriété, mais aussi de déveine fatidique, puisque sa cadette Carthage lui imposera infailliblement, à travers l'Histoire, sa formidable suprématie.

Utique fut la première capitale de la Province romaine d'Afrique, avant d'être déclassée au profit de Carthage, dès l'avènement de l'Empire.

Grande place de l'histoire, ce site meurtri par l'injure des siècles, ne peut aujourd'hui présenter au visiteur des ruines monumentales, à l'instar de Dougga ou de Thuburbo-Majus.

Mais à Utique l'on peut admirer de somptueuses maisons romaines, de superbes mosaïques, des statues en marbre, des inscriptions et de vieux tombeaux puniques, qui ont livré des trésors d'orfèvrerie et d'art. Ces vestiges, revêtus de la patine du temps, témoignent au visiteur de l'ancienne splendeur d'Utique, évoquée dans un document épigraphique découvert à Dougga.

A l'antiquarium d'Utique sont exposées de belles collections d'antiquités parmi lesquelles se distinguent des pièces exceptionnelles connues aujourd'hui dans le monde entier, comme les fameuses statues en marbre d'Hercule, ou la bague en or représentant le dieu punique Baal Hamon.

Ce petit musée se dressant au fond d'un beau jardin archéologique, est sans doute l'un des plus petits espaces muséographiques de Tunisie, mais il se place, par la valeur de ses collections, parmi les musées les plus importants et les plus prestigieux de notre pays.

Le site d'Utique attire aussi, par la beauté de son paysage et par l'accueil simple et chaleureux des utiquéens d'aujourd'hui, de nombreux visiteurs.

Utique a aussi ses amoureux qui viennent avec leurs enfants, profiter l'espace d'un dimanche, des avantages de la vie champêtre, aux abords d'un haut lieu de l'histoire. Ces fidèles visiteurs connaissent le site dans ses moindres recoins, jusqu'aux menus détails de certaines mosaïques. Venus de Tunis ou de Bizerte, ils profitent de la proximité d'Utique et de son site naturel situés à une trentaine de kms seulement de ces deux grandes villes.

Le site d'Utique

HISTOIRE D'UTIQUE

Utique est avant tout un site historique. Sa réputation repose surtout sur son ancienneté et sur son histoire riche en événements. Les sources anciennes sont unanimes pour désigner Utique comme l'une des plus vieilles villes de Méditerranée occidentale.

Selon les indications de Pline l'Ancien et du Pseudo Aristote, Utique aurait été fondée par les Phéniciens en 1101 av. J.-C., date confirmée par Velleius Paterculus, qui place la fondation de la ville neuf ans après celle de Cadiz (Cadix) en 1110 av. J.-C.

Cependant, les recherches archéologiques effectuées à Utique depuis le 19e siècle, n'ont pas encore rencontré de vestiges remontant plus haut que la fin du 8e.s. av. J.-C. La recherche du premier établissement phénicien à Utique n'ayant pas été menée de façon systématique, l'espoir est permis de retrouver un jour des vestiges antérieurs à cette date, même si la tradition de Pline et du Pseudo Aristote est aujourd'hui remise en question. Si l'on accepte, pour le moment, les données de la tradition écrite, Utique serait l'ainée de Carthage de près de trois siècles, la plus ancienne ville de Tunisie et l'une des plus vieilles villes d'occident.

Fondée par les Phéniciens, peuple marin par excellence, Utique était un port maritime; elle occupait un promontoire situé au fond d'un golfe où se jetait la Mejerda, cours d'eau appelé *Macaras* à l'époque punique, puis *Bagradas* à l'époque romaine. Cette topographie ressemble beaucoup à celle des fondations phéniciennes d'Andalousie. Les alluvions que charie ce fleuve et ses changements fréquents de lits ont provoqué le comblement du golfe ; ce qui est le cas de plusieurs sites phéniciens d'Espagne. Aussi, Utique se trouve de nos jours éloignée de 12 km de la mer. Ce comblement a dû commencer très tôt puisqu'une étude géo-archéologique récente a démontré que déjà, au 4e s av.J.-C., la côte sud-est de la presqu'île était déjà colmatée sur une longue distance.

Il est difficile aujourd'hui de reconnaître avec précision la configuration de l'ancien rivage, mais la vue panoramique qui s'offre au visiteur du sommet du plateau qui surplombe les ruines, permet de deviner les contours de l'ancien promontoire, incrusté dans la "*Garaa*" (plaine alluviale).

L'histoire d'Utique est émaillée d'événements nombreux ; sa fondation par des Phéniciens de Tyr ou de Sidon s'intègre dans la grande aventure commerciale de ce peuple oriental, en Méditerranée occidentale, où l'attiraient les richesses minières et halieutiques ainsi que l'ivoire africain. Quant au choix du site d'Utique, il s'explique par sa position protégée au fond d'un golfe, ainsi que par les richesses agricoles et naturelles de son arrière pays.

L'auteur ancien Justin qui souligne l'antériorité d'Utique par rapport à Carthage, rapporte qu'une délégation de notables portant des présents fut dépêchée auprès de la princesse tyrienne Elyssa pour lui souhaiter la bienvenue, quand elle aborda avec ses compagnons le sol africain pour y fonder Carthage.

Le choix d'un autre site, éloigné d'Utique d'une trentaine de Km seulement, répondait à une nouvelle stratégie politique de Tyr en Occident. Elle se devait de consolider et de protéger ses intérêts économiques et commerciaux contre les Grecs devenus menaçants. L'exiguïté de la presqu'île d'Utique et les problèmes d'envasement que connaissait (déjà ?) son site portuaire, ne se prêtaient pas à leur ambition, celle de fonder une grande base phénicienne au cœur de la Méditerranée centrale. Le développement prodigieux de la grande colonie de peuplement qu'était Carthage a d'ailleurs vite fait de reléguer Utique

Vue panoramique à partir du sommet du promontoire

au deuxième rang. Au début du 5e s.av. J.C., l'ascendant de Carthage sur Utique va aboutir à une domination effective. En 480 av.J.C., la défaite de Carthage à Himère va provoquer l'arrêt de l'expansion carthaginoise en Méditerranée occidentale, la colonisation systématique par Carthage de l'arrière pays africain et la soumission d'Utique, qui aurait conservé un certain prestige dû probablement à son droit d'ainesse. C'est ce qui ressortirait du 2e traité conclu entre Carthage et Rome (vers le milieu du 4e s.av.J.-C.) et le traité passé entre Hannibal et Philippe de Macédoine (216 av.J.-C.). Dans ces traités, le nom d'Utique vient juste après celui de Carthage.

En 308, Utique est attaquée et prise par Agathocle tyran de Syracuse qui, pour désarçonner Carthage, porte la guerre en Afrique.

Au cours de la "première guerre punique" Utique et Carthage sont alliées face aux Romains, mais la fameuse "guerre des mercenaires" (241-237 av.J.-C.) va altérer les relations entre les deux cités. La fidélité d'Utique à Carthage, fortement ébranlée par cette guerre civile, va s'affaiblir jusqu'à devenir précaire.

Dans le conflit qui opposera désormais Carthage à Rome, Utique changera plusieurs fois de camp avant de s'allier définitivement à Rome et précipiter la chute de Carthage.

En effet, très proche de la capitale du monde punique et peuplée d'une importante population en âge de porter les armes, Utique et son port vont servir de base militaire aux armées romaines. C'est à partir d'Utique que Scipion Emilien va partir à l'assaut de Carthage et la détruire en 146 av.J.-C.

Pour s'être alliée aux Romains contre Carthage, Utique se voit accorder le statut de "Cité libre" et devient la capitale de la nouvelle province romaine d'Afrique. Le territoire d'Utique est agrandi vers le nord et le sud aux dépends des territoires d'Hippo Diarrhytus (Bizerte) et de Carthage. Avec son statut de cité libre, Utique conserve son administration punique dirigée par des "suffètes", mais voit la création d'un sénat.

Lorsqu'en 107 av.J.-C. Jugurtha tente de se libérer du joug de Rome, Marius débarque à Utique pour le réduire et étouffer sa volonté d'indépendance.

En 59 av.J.C. Une "loi julienne" accordée par Jules César à Utique, permet à la ville de jouir de certains privilèges dont l'histoire ne connaît pas encore la nature.

A partir de 49 av.j.-C., Utique est prise dans la tourmente de la guerre civile qui oppose Césariens et Pompéiens. Certaines péripéties de cette guerre sont consignées dans "la guerre civile" et "la guerre d'Afrique", les deux livres de Jules César. C'est là que se place l'épisode dramatique du suicide de Caton le Jeune qui fut appelé après sa mort "Caton d'Utique". Partisan de Pompée et commandant l'armée stationnée à Utique, Caton sauve à deux reprises la plèbe utiquéenne du massacre. En effet, la plèbe d'Utique était favorable à César qui lui avait accordé certains privilèges dans sa "loi julienne". Caton intervient d'abord lorsque Juba roi des Numides et allié de Pompée voulut massacrer la plèbe d'Utique hostile au parti pompéen; il intervient ensuite lorsque la cavalerie pompéenne défaite à Thapsus, se réfugie à Utique et manifeste à son tour l'intention de massacrer la plèbe. Sachant la cause de Pompée perdue, Caton se suicide et Jules César entre à Utique où la colonie des citoyens romains partisans de Pompée avait opté pour la reddition. Le peuple d'Utique reconnaissant à Caton, lui éleva un mausolée surmonté de sa statue.

En 36 av.J.C. Octave accorde à Utique le statut de Municipe (municipium iulium) et la citoyenneté romaine est étendue à tous ses habitants. Jusqu'en 12 ap.J.-C., le siège du Proconsul d'Afrique était à Utique.

Autel consacré au dieu invaincu Auguste

Une nouvelle fois, la fatalité voudra que la reconstruction de Carthage ramène Utique au second rang des villes africaines. C'est l'empereur Hadrien qui érige le Municipe d'Utique au statut de Colonie (*Colonia Iulia Aelia Hadriana Augusta UTIKA*). Cette ascension politique va connaître son acmé avec l'empereur Septime Sévère qui octroie à Utique le "droit italique", qu'il accorde aussi à Carthage et Lepcis Magna.

Vers le milieu du 3e siècle, le christianisme est attesté à Utique par la participation de son évêque Aurélius au Concile de Carthage (256 ap.J.-C.) et par l'exécution de martyrs.

Utique continue d'être habitée aux époques vandale et byzantine; des catholiques y étaient déportés par les Vandales pour effectuer des travaux agricoles. Jusqu'en 703, en pleine époque musulmane, on mentionne encore un évêque officiant à Utique.

Il est incontestable que la prospérité d'Utique ait été millénaire. La richesse des tombeaux puniques archaïques témoigne bien de l'ancienneté de cette opulence. Le rang qu'elle occupait en tant que principale alliée de Carthage, puis de Rome, n'était pas dû seulement à son ancienneté et à son prestige, mais

encore à sa puissance et à sa richesse. Une prospection du territoire Utiquéen, réalisée en 1987, a pu mesurer l'intensité de
l'occupation du sol dans l'arrière pays d'Utique et cela depuis
l'époque punique. Cette richesse s'est accrue lorsque la ville
d'Utique est devenue capitale de la nouvelle province romaine
d'Afrique, et lorsqu'elle a hérité de nouvelles terres prélevées
sur les territoires de Carthage et d'Hippo Diarrhytus (Bizerte).

Au lendemain de la guerre civile, les citoyens romains
d'Utique qui avaient pris le parti de Pompée furent frappés
d'une amende faramineuse (200 millions de sesterces) ; cette
somme considérable imposée par Jules-César, ne parut pas
trop lourde aux Romains d'Utique dont on peut imaginer la
richesse.

L'opulence d'Utique s'est faite aussi au fur et à mesure de son
intégration politique ; son accession au statut de colonie a
inauguré une ère d'enrichissement de la ville dont les trou-
vailles archéologiques, visibles sur le site et au musée, en sont
le témoignage le plus éloquent. L'apogée de cet enrichissement
se situe à l'époque sévèrienne et coïncide avec l'âge d'or de
l'urbanisme à Utique.

Maison de l'insula III

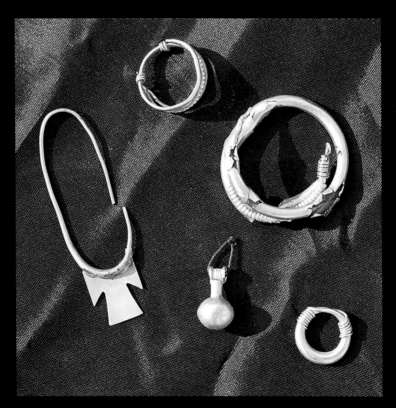

Bijoux en or de la nécropole punique

Maisons de l'insula II

Vue d'un grand domaine voué à l'arboriculture
Fin du IIIe s. ap J.-C
Mosaïque trouvée à Utique
et conservée au musée du Bardo

LES FOUILLES ET LES RUINES D'UTIQUE

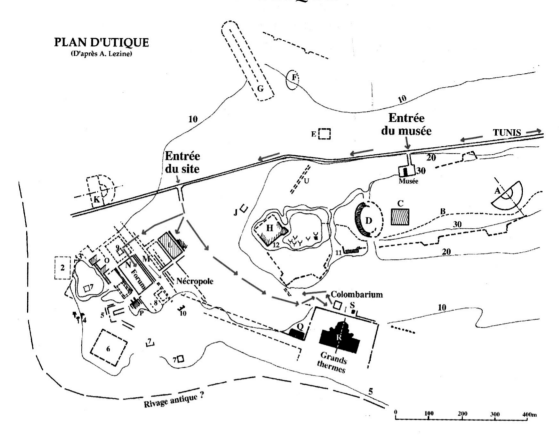

PLAN D'UTIQUE
(D'après A. Lezine)

A - Théâtre d'époque républicaine.
B - Aqueduc.
C - Citernes.
D - Grand amphithéâtre.
E - Mausolée romain.
F - Petit amphithéâtre ?
G - Cirque d'époque républicaine.
H - Réservoir subaérien ?
J - Petit temple ?
K - Théâtre d'époque impériale.
L - Insula entièrement dégagée.
M - Grande avenue à portiques.
N - Forum nouveau.
O - Palais ?
P - Ancien temple désaffecté.Q - Monument non identifié.
R - Grands thermes.
S - Columbarium.

1 - Maison aux intarsia.
2 - Place.
3 - Escalier ou rampe.
4 - Source chaude.
5 - Edifice à colonnes.
6 - Dépression : ancien bassin ?
7 - Citernes.
8 - Temple ?
9 - Grande maison.
10 - Soubassement.
11 - Vestige de fortification.
12 - Cimetière et Mausolée Musulmans.

Les fouilles

Elles ont commencé très tôt à Utique. Dès le 19e siècle, A.Daux, le comte C.Borgia, N.Davis, B.Smith et I.D'Hérisson ont effectué des fouilles non méthodiques dont le but principal était la récupération d'objets archéologiques, qui ont alimenté les musées du Louvre, le British museum et celui de Leyde. Du début du 20e s. jusqu'à nos jours, de nombreux autres fouilleurs ont exploré le site d'Utique, avec cependant plus de rigueur scientifique. Parmi ces archéologues citons : P.Cintas, P.A.Février, A.Lézine et plus récemment, l'équipe tuniso-américaine du Corpus des mosaïques de Tunisie. Enfin, des archéologues de l'I.N.P. ont pratiqué, tout dernièrement, quelques sondages encore inédits.

Aujourd'hui, il faudrait penser à un programme de fouilles, de recherches et de restauration plus étendu, en vue d'une mise en valeur globale du site d'Utique.

Fouilles de l'abbé Moulard (nécropole punique) : visite du comte de Prorock (Times, 192:)

Les ruines puniques

La nécropole punique

Les principaux fouilleurs de la nécropole punique furent l'abbé Moulard (entre 1923 et 1925) et P.Cintas (de 1948 à 1958). Cette nécropole s'étend, en formant une demi-couronne orientée nord ouest-sud ouest, au contre-bas du plateau qui domine l'extrémité de la presqu'île.

Les tombeaux situés au nord-ouest de cette couronne sont les plus anciens et datent des 7e, 6e, et 5e s av.J.C., ceux du sud-ouest datent du 4e s, époque où l'habitat punique s'est étendu vers le sud, aux dépens du cimetière d'époque archaïque. Le cimetière du 3e et du 2e s.av.J.C. a été repéré en 1990 par l'auteur, au sud du site (aux abords de la route qui mène au musée), sur les premières pentes de la colline du Théâtre républicain.

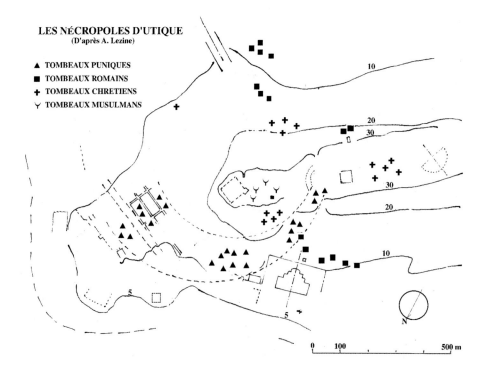

LES NÉCROPOLES D'UTIQUE
(D'après A. Lezine)

▲ TOMBEAUX PUNIQUES
■ TOMBEAUX ROMAINS
✝ TOMBEAUX CHRETIENS
Y TOMBEAUX MUSULMANS

Sarcophage monolithe de la nécropole punique

Vue de la nécropole punique

Tombeau punique construit en briques crues

Les tombeaux de la nécropole punique présentent une typologie très variée. On trouve des fosses creusées dans le tuf, des sarcophages monolithes, des tombeaux construits avec des blocs de grès coquiller ou des briques crues, simplement séchées au soleil. Dans le cimetière punique des 3e et 2e s av.J.-C, on constate la pratique de l'incinération; dans ce cas précis les cendres sont placées dans des petits coffres en calcaire, recouverts par des couvercles de même nature ayant la forme d'un toit à double pente. Ces coffrets étaient placés dans des niches creusées dans la terre, au fond de fosses profondes.

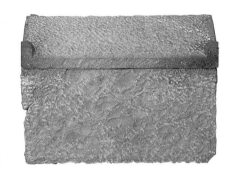

Coffret à incinération punique

Le mobilier funéraire de ces tombes, en partie exposé au musée, se compose généralement de vases en céramique locale ou de vases importés, de lampes et de statuettes en terre cuite, d'objets en métal comme les hachettes - rasoirs, de colliers et de bijoux dont certains sont très fameux.

Les tombes les plus anciennes, fouillées jusqu'à présent, ne remontent qu'au 2e quart du 7e s.av.J.-C.

Mais, on ne désespère pas de rencontrer un jour des tombeaux plus anciens.

Coupe attique à figures noires (amphores et dauphins) VIe. s. av J.-C

Bague en or représentant le dieu Baal-Hamon assis sur son trône

De droite à gauche Oenochoé corinthienne du dernier quart du VIe s.av.J.-C Lécythe attique à figures noires et petit bol ansé Laconien. VIe. s. av J.-C

L'habitat punique

On peut l'observer en certains points du site, au fond de vieux sondages qui s'enfoncent au dessous des niveaux romains. Comme à Carthage et à Kerkouane, ces maisons sont construites selon le système des harpes constituées de blocs et disposées à intervalles réguliers. Dans l'espace compris entre les harpes, les murs sont bâtis en brique crue sur des soubassements de moellons. Le sol de ces maisons est recouvert de pavements de types divers. Ce sont généralement des sortes de bétons composés de chaux, de tuileau et de petits éclats de calcaire *(pavimenta punica)*. On a reconnu parmi ces vestiges, des citernes puniques recouvertes d'un enduit étanche d'excellente qualité. L'une d'elles a conservé sa couverture faite de plusieurs amphores commerciales de forme cylindrique, alignées côte à côte et disposées en batière. Un sondage ouvert dans la maison "des chapiteaux historiés", a mis au jour les vestiges d'un monument punique construit en blocs de grés d'El Haouaria, et revêtu d'un stuc très fin. Ces vestiges seraient ceux d'une riche demeure punique.

D'autres vestiges, visibles au fond de sondages situés dans la zone du Forum Novum, pourraient appartenir à des monuments publics ou religieux remontant à l'époque punique.

Les remparts puniques d'Utique

Les vestiges d'un mur en gros appareil ont été remarqués par l'auteur, dans une grande excavation faite sous le "Forum Novum", à l'occasion de la fouille des tombeaux puniques de la nécropole dite "de l'île". Ce tronçon de mur fait probablement partie des remparts de la ville, dont la partie supérieure aurait été en bois (selon une description laissée par Appien). En 1925, l'abbé Moulard signale aussi la découverte d'une structure épaisse de 6m, aujourd'hui introuvable. Si des recherches venaient à confirmer l'appartenance de ce tronçon de mur aux remparts puniques d'Utique, les incidences seraient des plus intéressantes pour la topographie générale de

Les remparts
puniques
d'Utique

la ville et certaines péripéties de son histoire, à l'époque punique.

Retenons pour le moment que ces remparts ont été soumis à des sièges fréquents :

- en 308 lorsque Agathocle, tyran de Syracuse, assiège Utique et la prend.

- en 240 au cours de la guerre des mercenaires.

- en 204, au cours de la deuxième guerre punique.

24

Les ruines romaines

Les Maisons

Une vingtaine de maisons romaines ont été fouillées à Utique. Certaines d'entre elles ont été irrémédiablement perdues du fait que les archéologues du début du siècle, à la recherche de mosaïques et de pièces d'art, se désintéressaient de la conservation des maisons.

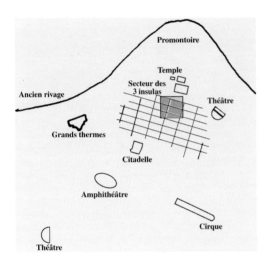

D'après le Corpus des Mosaïques de Tunisie

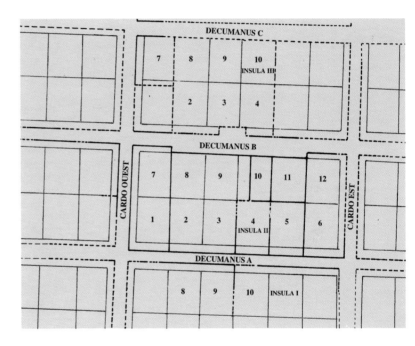

Celles qui sont les mieux conservées, sont aujourd'hui ouvertes au public; elles sont situées dans le quartier nord-est de la ville. Ces maisons appartiennent aux insulae (îlots d'habitation) I-II et III ; elles ont été dégagées entre 1948 et 1958 par la mission archéologique française en Tunisie et l'ancienne direction des antiquités et arts. Ce quartier d'habitation à été occupé pendant six siècles, mais on y reconnaît deux grandes étapes de construction.

- Au début du 1er siècle ap. J.-C., on construit les insulae après les avoir délimitées par de larges rues se recoupant à angle droit.

Rue romaine
d'Utique
(Décumanus A)

- A la fin du 1er ou au début du 2e siècle, les insulae s'agrandissent aux dépens des rues et le niveau des maisons est exhaussé, ainsi que celui du Decumanus A (la rue sur laquelle ouvre la maison de la Cascade).

Cette période se poursuit jusqu'au 6e s. et voit les maisons suivre chacune une évolution qui lui est propre. La fin de cette période se caractérise par le cloisonnement des pièces.

Un seul îlot d'habitation a été dégagé dans sa totalité (insula II), il mesure 86m 80 x 39m 57. A l'origine, sa surface était plus petite et les rues qui le bordaient plus larges.

Les façades de la première période sont souvent visibles en arrière des façades actuelles, à trois mètres de distance en moyenne. L'espace gagné sur les rues forme pour chaque maison une sorte de vestibule qu'on retrouve sur les quatre côtés de l'insula II.

Cette insula était divisée en 12 lots égaux, répartis en deux séries de 6 lots, séparées d'un mur mitoyen de direction est-ouest.

A la fin du 1er s. et au début du 2e s., des maisons s'agrandirent aux dépens de maisons voisines ; c'est le cas de la "maison de la cascade" qui regroupera plusieurs lots, pour devenir la plus grande habitation de l'insula II.

Maison de la cascade

Cette riche habitation date, dans son état actuel, du 4e ou du 5e s.ap.J.-C. ; elle tire son nom d'une belle mosaïque marine couvrant l'une de ses fontaines. On y accède par une entrée principale ouvrant sur le Décumanus B. La porte à deux battants donne sur un vestibule qui conduit à un dégagement formé de couloirs d'accès dont la disposition (en baïonnette) cache à la vue des passants, le péristyle et l'intimité de la maison. Dans le couloir central, en face de l'entrée, se trouve un petit bassin rectangulaire d'où émergent deux petits piliers de marbre; ils servaient de support à une vasque (aujourd'hui conservée dans le dépôt du site). Une mosaïque représentant plusieurs espèces de poissons, occupe le fond de ce bassin. Les deux couloirs latéraux du dégagement conduisent à un péristyle pavé d'une mosaïque à cubes blancs et à fragments de marbre. Ce péristyle encadre un viridarium au centre duquel se trouve un bassin.

Petit bassin de la Maison de la Cascade mosaïque à décor marin

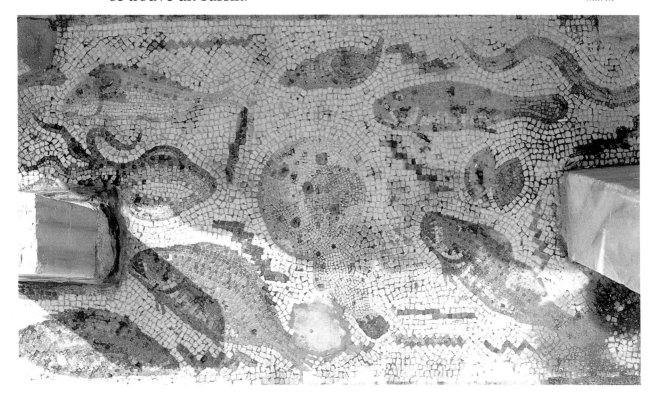

Amour pêcheur sur une barque
Fin du IIe - début du IIIe s. ap. J.-C
(Maison de la Cascade Utique)

Petit bassin de la Maison de la Cascade : mosaïque à décor marin

Au milieu de ce bassin sont conservés les vestiges d'une fontaine. La bordure du bassin est découpée de 8 niches semi - circulaires et de 2 niches rectangulaires. Une belle salle à manger ou "triclinium" ouvre sur le grand côté ouest du péristyle ; son pavement "opus sectile" est fait de marbre jaune de Chemtou et de cipolin vert d'Eubée (île de Grèce). Deux autres salles disposées de part et d'autre du triclinium sont pavées de mosaïques polychromes et agrémentées de jardinets à ciel ouvert où coulaient des fontaines. La fontaine de la salle nord reproduit une cascade recouverte d'une mosaïque représentant une scène de pêche au filet. Cette petite cascade est à l'origine du nom donné à la maison. Sur le petit côté nord du péristyle ouvre une petite salle (de repos) dallée de marbre et occupée par une banquette. Face à cette salle, empiétant sur le jardin du péristyle, se trouve un petit bassin semi-circulaire au fond duquel on voit une belle mosaïque représentant une barque où est assis un amour pêcheur. Dans l'angle nord de la maison se trouve la remise du char qui donne directement sur la rue (décumanus B) et dans l'angle opposé (est) on reconnaît l'écurie avec ses mangeoires creusées dans la pierre et adossées au mur. Un escalier visible dans le coin nord du dégagement, conduisait sans doute à un premier étage réservé au maître du logis.

Page de droite

En haut :
Pavement en "Opus sectile"
de la salle à manger
(Maison de la Cascade).

En bas :
L'écurie et ses mangeoires
(Maison de la Cascade)

Maison des chapiteaux historiés

*Maison des
chapiteaux
historiés*

A l'est de la maison de la cascade se trouve la maison des chapiteaux historiés, qui doit son nom aux chapiteaux figurés du
péristyle. La majeure partie de la maison semble dater du 1er
s.ap.J.C. Elle a été annexée très tôt par la Maison de la cascade
qui l'avoisine à l'ouest. On accède à cette maison par trois
grandes portes ouvertes dans une belle façade monumentale
du Décumanus nord, devant laquelle a été dégagé une sorte de
trottoir. Ces portes donnent directement sur le portique nord
d'un péristyle où la cour est bordée de douze colonnes.

Quelques unes de ces colonnes sont surmontées de chapiteaux figurés, sur lesquels sont représentés les bustes
d'Hercule avec sa massue, Minerve armée et
Apollon citharède. D'autres chapiteaux historiés
de cette maison sont conservés au
dépôt du site. Ces chapiteaux
datent du 1er s av.J.C. et se
trouvent donc réutilisés. Au
sud du péristyle ouvre une
grande salle qui occupe toute
la largeur de la maison et qui
conduit à son tour à trois
autres pièces situées dans la
partie sud de la maison. Il
semble que la maison utili-
sait les pièces de service
de la maison de la cascade.
Les pavements de cette
maison ont été mal conservés ; la cour du péristyle
est recouverte d'une
mosaïque blanche réparée
de plaques de marbre, tan-
dis que les pièces du fond
étaient pavées de
mosaïques polychromes.

*Colonnes à
chapiteaux
figurés*

Maison de la chasse

Elle occupe le lot 5 de l'insula II (voir plan du lotissement).
Une mosaïque à scènes de chasse qui recouvrait le sol des portiques nord et ouest du péristyle a donné son nom à la maison
(elle est exposée en partie dans le musée et sur un panneau du
jardin). On accède à cette maison par une porte ouvrant sur le
Décumanus A. Cette porte donne sur une courette allongée ; à
sa gauche se trouve un escalier qui devait conduire à un premier étage. Un couloir latéral mène à une cour dallée de
marbre en "opus sectile" polychrome et entourée d'un péristyle, utilisant des colonnes de remploi. Sur ce péristyle ouvrent
des pièces en mauvais état de conservation.

*Mosaïque de la
Chasse
1ère moitié du
IVe s. ap. J.-C
(Antiquarium
d'Utique)*

34

Maison du trésor

Maison du Trésor

Elle se situe à l'ouest de la Maison de la cascade et occupe les lots 1 et 7 de l'Insula II. L'archéologue P.A. Février qui a fouillé la maison en 1957, y a découvert un dépôt de monnaies ; c'est ce trésor qui a donné son nom à la maison. La maison du trésor ouvre sur le Décumanus A et s'organise autour d'une cour à péristyle pourvue d'un bassin semi-circulaire. Le fond de ce bassin est décoré d'une belle mosaïque polychrome à écailles. L'aile ouest de la maison a été réservée à une série de boutiques ouvrant sur le Cardo ouest.

Le forum d'Utique

Son identification est encore hypothétique. Au nord de la grande avenue à portiques qui traverse la ville d'est en ouest est visible un vaste espace quadrangulaire (54x110m). Au nord de cette place se trouve un large passage dallé, sur lequel ouvre une rangée de boutiques bordée d'un caniveau. Ce passage était recouvert d'un dallage de marbre blanc de Proconèse qui a laissé ses empreintes sur le sol en béton. On a voulu reconnaître dans cet ensemble le *"Forum Novum"* d'Utique, d'autant plus qu'il a été aménagé au sud d'une vieille place publique dont on a retrouvé les traces et qui remonte à la période punique tardive et à l'époque républicaine. Ce qui semble étayer cette hypothèse, est le fait que la plupart des statues et des monuments épigraphiques trouvés à Utique (inscriptions et bases honorifiques), proviennent de ce secteur.

Forum d'Utique

Mur en "opus reticulatum". Utique

Temple

Dans la zone du *"Forum Novum"*, à l'ouest du passage dallé, on voit les vestiges d'un grand temple (P) de type italique, orienté vers l'ouest. Ce temple qui date de l'époque républicaine pourrait être celui de Jupiter. L'existence à Utique, d'un temple consacré à ce dieu est d'ailleurs attestée par l'auteur ancien Plutarque. Pline rapporte aussi qu' à Utique, il y avait un temple dédié à Apollon. La présence d'un autre temple dont la divinité n'est pas identifiée (s'agit-il de Saturne ?) est peut être prouvée par la découverte de documents épigraphiques et archéologiques : une inscription parlant de la restauration d'un temple à triple *"cella"*, trouvée sur la pointe du promontoire ; une urne d'époque républicaine contenant des cendres et un petit mobilier votif, sortie d'un sondage ouvert par l'auteur en 1991, dans la même zone.

Temple de Jupiter?

Les grands thermes

Ils se trouvent à l'extrémité ouest du site, dans une zone marécageuse. Mal conservées, ces ruines ont été identifiées dès la fin du siècle dernier. Des fouilles effectuées de 1949 à 1951 ont permis de reconnaître le monument thermal avec ses différentes salles. Du nord au sud, on devine le "frigidarium" (bains froids), le "tépidarium" (salle tiède de transition), enfin le "caldarium" (salle chaude). Deux grandes esplanades l'encadraient au nord et au sud. La fouille a encore révélé la richesse de ces grands Thermes. En effet, des vestiges de marbre et de mosaïques polychromes subsistent sur certaines parties des murs et des voûtes. Les grands Thermes d'Utique étaient approvisionnés par un aqueduc qui fournissait l'eau

*Les grands
Thermes
d'Utique*

à l'ensemble de la cité. On connait son parcours au sud-ouest de la ville. Il longe le théâtre à l'ouest, l'amphithéâtre au nord et débouche dans ce qui semble être un grand "réservoir subaérien", composé de vastes citernes, localisées sur le plateau qui domine la ville. Cet aqueduc amenait l'eau d'une source située à 10 km au sud-ouest de la ville. L'aqueduc et les grands thermes d'Utique ont été construits dans le courant du 2e siècle, sans doute sous l'empereur Hadrien.

Les théâtres

Dans le livre "la guerre civile" de Jules César, il est fait mention d'un théâtre à Utique, dont on peut reconnaître l'emplacement qui coïncide aujourd'hui avec une vaste dépression,

Le Théâtre d'Utique

située sur la colline qui se trouve à l'arrière du musée (au sud-ouest, voir plan). Ce théâtre qui est d'époque républicaine, aurait été désaffecté à l'époque impériale et complètement dépouillé de ses gradins en pierre, qui servirent peut être à la construction d'un nouveau théâtre (K) dont les vestiges étaient encore visibles au siècle dernier et qui sont aujourd'hui recouverts par des remblais et des cultures.

Le cirque d'Utique

A droite de la route, à mi-distance entre le musée et le site, on voit une dépression oblongue qui est l'emplacement du cirque d'Utique dépouillé de ses pierres. Au milieu de cette dépression était visible une longue tranchée, sans doute l'empreinte laissée par le mur de la "spina", autour de laquelle évoluaient les chars.

L'amphithéâtre

Au Sud-Ouest du plateau, se trouvent les vestiges d'un monument elliptique dont certaines substructions sont visibles dans les fondations des bâtiments modernes. Ce sont les ruines d'un amphithéâtre dont on voit très nettement les contours sur les photographies aériennes.

Mosaïque de seuil.
Athlètes aux prises.
IVe s. ap. J.-C
Utique
(Musée du Bardo)

LE MUSÉE D'UTIQUE

Il est au fond d'un jardin archéologique où se dressent d'autres bâtiments abritant la réception et les dépôts.
Le musée d'Utique est composé de deux salles contiguës.
On commence la visite par la salle de droite qui renferme les collections puniques et qui ouvre sur une autre salle où sont exposées les collections d'époque romaine.

La salle punique

Dans la salle punique se trouvent rassemblés des objets provenant en majorité des mobiliers funéraires retrouvés dans les tombeaux des nécropoles d'époque punique.

Les grandes vitrines

Céramique punique provenant des tombeaux archaïques

Elles montrent plusieurs types de vases, couvrant une large période qui va du 7e s. av.J.C. jusqu'au 2e s.av.J.C. A côté des vases de type punique dont les plus anciens portent un engobe rouge, on remarque la présence de vases importés, provenant de Grèce ou d'Italie du Sud. Sur un lécythe attique à "figures noires", on voit représenté Achille partant pour la guerre. Une autre coupe attique "à figures noires" montre des chars flanqués de panthères. Dans la grande vitrine de gauche sont présentés trois mobiliers de tombes qui associent parfois quelques statuettes en terre-cuite ou des objets en métal (spatule enveloppée d'un tissu).

Amphorette attique à figures noires
Nécropole archaïque
(VIe..s.av.J.-C.)

Masque punique
(Tombeaux archaïques)

La petite vitrine murale

Dans une petite vitrine murale qui fait face à l'entrée sont rassemblés des objets à caractère funéraire : terre-cuite, hachettes rasoirs dont l'une est gravée de deux scènes, Hercule et le taureau (d'un côté), Scylla (de l'autre).

Hachette-rasoir d'époque punique à décor ciselé (Hercule et le taureau-Scylla)

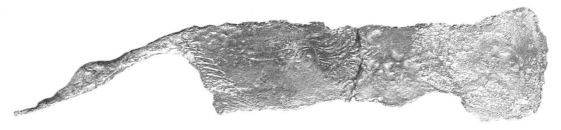

Les trois vitrines sur socles

Elles sont alignées au milieu de la salle.
Dans la première vitrine sont exposés des bijoux qui accompagnaient les morts dans leurs tombes. Parmi ces ces bijoux se distinguent.
Un scarabée en cornaline représentant Pégase.
Un scarabée en cristal de roche sur lequel figure un guerrier.
Une bague en or représentant le dieu Baal-Hamon assis sur son trône.
Les colliers sont composés de perles et d'éléments prophylactiques parmi lesquels abondent les amulettes représentant des divinités égyptiennes et des scarabées dont les revers sont gravés d'hiéroglyphes ou de scènes religieuses égyptiennes.

Scarabée à décor gravé Archer en position de combat

Scarabée en jaspe rouge, à chaton mobil en or Décor gravé : Pégase

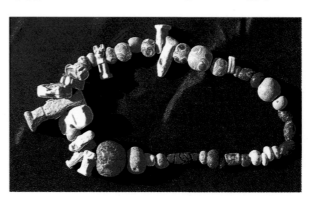

Collier punique composé de perles et d'amulettes

44

La seconde vitrine retrace l'histoire de la lampe punique qui évolue de la forme ouverte (en coquille) la plus ancienne, à la forme repliée, la plus récente. D'autres lampes à réservoir fermé et à bec tubulaire ont été importées de Grèce ou d'Italie du Sud ; certaines d'entre-elles sont de fabrication locale.

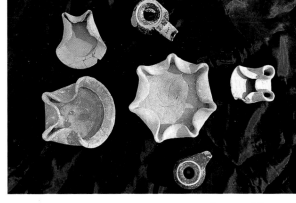

Fragment de coquille d'œuf d'autruche décor peint représentant des traits humains (époque punique)

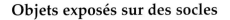

Dans la troisième vitrine sont groupés des objets en ivoire ou en os et deux fragments de coquilles d'oeufs d'autruche.

On remarque au milieu de ces objets, une belle "pyxis" ou boîte en ivoire, faite pour contenir des bijoux ou du fard. Sur les fragments de coquilles d'oeufs d'autruche sont peints des traits humains. Ces coquilles peintes se retrouvent dans les sépultures puniques, à partir du 5e s.av.J.-C. ; elles devaient avoir une valeur funéraire et eschatologique qui nous échappe.

Lampes d'époque punique (mobilier funéraire)

Boîte à fard en ivoire (époque punique)

Objets exposés sur des socles

Il s'agit de stèles funéraires et de coffrets à incinération. Ces objets proviennent des cimetières puniques des 3e et 2e s.av.J.-C. A cette époque s'était répandue dans le monde punique, la pratique funéraire de l'incinération. Cette pratique qui avait été utilisée à une époque très ancienne (antérieure au 7e s.av.J.-C.), fut abandonnée pendant près de trois siècles, puis remise en vigueur à partir du 4e s.av.J.C., au contact du monde grec.

Sur les stèles, on voit le mort représenté dans l'attitude de la prière. Les cendres du défunt sont déposées dans des coffrets en calcaire, façonnés en forme de petits sarcophages.

Stèle funéraire d'époque punique représentant le défunt en prière

Les amphores exposées sur des trépieds

Ce sont des amphores commerciales puniques. Présentées dans un ordre chronologique, elles évoquent une évolution perceptible à travers l'amincissement progressif de la panse. L'aboutissement de cette évolution est la forme cylindrique, parfaitement adaptée au commerce maritime. La forme la plus renflée date du début du 7es.av.J.-C. ; l'amphore cylindrique remonte au 4e s.av.J.-C.

Amphores commerciales puniques

Une constellation d'ateliers spécialisés dans la fabrication de ces amphores commerciales a été repérée à Besbessia, région agricole très prospère aujourd'hui, située au sud-ouest d'Utique. Ces amphores évoquent la richesse agricole d'Utique à l'époque punique, comme ses vocations maritime et commerciale, avant le colmatage définitif de sont port par les alluvions de la Mejerda, qui se situe vraisemblablement vers le 6es.ap.JC.

La salle romaine

Dans cette salle sont rassemblés des objets provenant des monuments publics, de l'habitat et des nécropoles romaines.

Sur les murs

Cinq panneaux d'une mosaïque représentant des scènes de chasse (voir plus haut:Maison de la chasse) . D'autres panneaux de la même mosaïque sont exposés dans le jardin du musée. Les panneaux rassemblés dans la salle romaine sont les mieux conservés, ils illustrent d'une manière remarquable, comme dans une bande dessinée, un aspect de la vie quotidienne d'un grand propriétaire foncier : la chasse. De haut en bas et de gauche à droite :
- Le départ pour la chasse et les restes d'une grande *"villa rustica"*.
- Les oiseleurs.
- Le retour du *dominus* (le propriétaire).
- Le retour de la chasse aux cerfs ?
- La chasse aux cerfs.

Dans la salle romaine sont exposés les documents épigraphiques suivants :

Un autel consacré à la déesse Cybèle grande mère de l'Ida (montagne d'Asie mineure). Ses prêtres lui ont sacrifié un bélier et offert un vase à usage rituel. Les images de ces offrandes sont éternisées sur les faces latérales de l'autel. Deux volutes meublées par une pomme de pin rappellent le dieu Attys amant de Cybèle.L'inscription porte un martelage qui a sans doute effacé le nom de l'empereur Maximin le Thrace (235-238), détesté par les Africains de Proconsulaire en raison des exactions commises par ses soldats.

Autel consacré à la déesse Cybèle

- Une base de statue dédiée à Sulpicia Dymiana proche parente de l'empereur Régalien (vers 260).
- Une plaque honorifique en marbre, dédiée à P.Sextilius (2e s ap.J.C.).

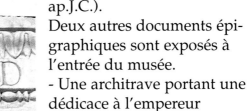

Deux autres documents épigraphiques sont exposés à l'entrée du musée.
- Une architrave portant une dédicace à l'empereur Claude divinisé.

Architrave portant une dédicace à l'empereur Claude divinisé

- Un autel consacré au dieu invaincu Auguste.

La ville d'Utique a fourni un grand nombre d'inscriptions, dont la majorité provient de la région du *"Forum novum"*. Mais, la plupart de ces textes ne sont pas conservés à Utique. Sur deux inscriptions dont l'une a été découverte à Dougga, on trouve le nom d'Utique associé au qualificatif "splendide" ; il est question de la "splendide colonie d'Utique". Une inscription d'Utique datée du IVè siècle ap.J.C. nous renseigne sur l'existence d'un temple à triple *"cella"* sur lequel ont été effectuées des réparations. Enfin, sur d'autres textes fragmentaires, on relève les noms d'empereurs et de personnages importants.

Base de statue dédiée à Sulpicia Dymiana proche parente de l'empereur Régalien (vers 262)

Sculptures

Plusieurs sculptures découvertes à Utique, sont actuellement conservées aux musées de Leyde et du Louvre et au musée du Bardo. La petite collection de statues exposée dans la salle romaine est cependant d'un grand intérêt.

- Une statue en marbre du dieu Esculape.
- Une statue en marbre du Satyre musicien.
- Une statue en marbre représentant un enfant revêtu de sa toge.
- Une sculpture qui décorait une fontaine représente Ariane endormie.
- Une belle statue en pierre représentant Hercule avec ses attributs.

Statue en marbre du dieu Esculape

Statue en marbre représentant un enfant revêtu de sa toge

*Statue en marbre représentant
Hercule avec ses attribus*

Statue en marbre du Satyre musicien

*Ariane endormie
(cette sculpture
en marbre décorait
une fontaine)*

Vitrines sur socles de la salle romaine

Dans l'une des deux vitrines sur socles de la salle romaine sont rassemblés des objets en céramique, remontant à l'époque républicaine et au début de l'époque impériale.

Objets remontant à l'époque où Utique était capitale de l'Afrique romaine

Petit bol à "parois fines" importé d'Italie (1er s.av.J.C.)

- Plat à vernis noir de type tardif (1e s.av.J.-C).
- Unguntaria (fioles).
- Bol à "parois fines" importé d'Italie.
Les objets exposés dans cette vitrine illustrent une période faste de l'histoire d'Utique qui accède au rang de capitale de l'Afrique romaine. A cette époque, Carthage est encore, malgré de vaines tentatives de reconstruction, un vaste champ de ruines.

Fioles (unguntaria) d'époque républicaine

Dans l'autre vitrine sont exposées plusieurs terres-cuites sorties des tombeaux romains de la ville. Parmi ces terres-cuites se distingue une belle "Licorne unicornis" (à une corne) chevauchée par un personnage mal conservé.

"Licorne Unicornis"

Le jardin archéologique du Musée

A l'entrée de ce jardin, on peut voir les vestiges de petits bains romains, recouverts à basse époque par une nécropole.

Petits thermes du musée

Panneau de la Mosaïque de la chasse (jardin du musée)

- Le fond d'un grand bassin moderne à jet d'eau est occupé par une belle mosaïque à thème marin, représentant des barques de pêche, la tête du dieu Océan et une nombreuse faune marine.

- Sur de grands panneaux sont présentées des mosaïques géométriques et d'autres scènes figurées, faisant suite à la mosaïque de la chasse dont les panneaux les mieux conservés, sont exposés au musée.

- Sur le mur de façade du musée, on peut voir une mosaïque en "opus sectile" (faite de gros segments de marbre) qui pavait la salle à manger d'une grande maison romaine, située au nord du Décumanus B.

Mosaïque du dieu Océan provenant de Nebeur (région du Kef)
exposée au jardin du musée d'Utique

Détail de la mosaïque du dieu Océan

- Une grande cupule ayant recouvert une tombe du 3è siècle ap.J.-C.conserve un décor peint représentant des roses.
- Enfin, un grand nombre d'éléments d'architecture et de chapiteaux provenant du site, sont exposés dans ce jardin dont l'aménagement se poursuit.

"Opus sectile" d'Utique.

INDEX DES NOMS DE PERSONNAGES
HISTORIQUES OU LEGENDAIRES

ACHILLE : Héros homérique (mythologie grecque), roi des Myrmidons. Il est tué au siège de Troie par une flèche qui le blessa au talon, seul point vulnérable de son corps (talon d'Archille).

AGATHOCLE : Tyran de Syracuse (Sicile) de 318 à 289 av J.C. Il mena une guerre contre Carthage, jusqu'en Afrique.

APPIEN : Historien grec du IIè s.ap.J.C. (fin Ier s.apr-180). Il est l'auteur de l'"Histoire romaine" en 24 livres.

ARIANE : Dans la mythologie grecque, elle est la fille de Minos roi de Crète. A Thésée dont elle est amoureuse, elle donne une pelote de fil à dérouler dans le labyrinthe pour en sortir, après avoir tué un monstre : le Minotaure.

BAAL HAMOUN (ou **HAMON**) : Le dieu suprême chez les Puniques. A Carthage, il est le seigneur du sanctuaire à ciel ouvert appelé Tophet où l'on pratiquait des sacrifices (d'enfants ? ou d'animaux).

ESCULAPE : - Dieu de la médecine chez les Romains. C'est l'Asclépios des Grecs auquel les médecins disciples d'Hippocrate prêtaient serment.

HADRIEN : Empereur romain, de 117 à 138.

JUBA 1er : Roi des Numides, partisan de Pompée. Il fut battu par César à Thapsus et se tua.

JUGURTHA : Roi de Numidie (vers 160-vers 104). Fils illégitime de Mastanabal et petit fils de Masinissa. Il a combattu la présence romaine en Afrique. Le chef romain Metellus le battit à Vaga, puis à Muthul. Trahi et livré aux Romains, il fut emmené à Rome et jeté dans une prison où il mourut de faim.

JUPITER : Le seigneur et le père des dieux dans la mythologie latine.

JUSTIN : (Marcus Junianus Justinus) Historien latin (IIè.) auteur d'une "Histoire universelle" en 44 livres, qui est un résumé des" Histoires philippiques" de Trogue Pompée.

MARIUS : (Vers 157 - vers 86) Consul romain qui, entre 107 et 105 av.J.C, mena à terme la guerre contre Jugurtha. Il fut un excellent chef de guerre, mais un homme politique médiocre.

MINERVE : Déesse latine de la sagesse et des Arts. Elle est la fille de Jupiter.

OCTAVE : (Caius Octavius Thurinus) petit neveu de César qui l'adopta (vers 45). Il est consul, puis le premier des empereurs romains sous le nom d'Auguste (63 av.J.-C-14 ap.J.C).

PHILIPPE DE MACEDOINE : (Philippe II, 382-336 av.J.-C.) Roi de Macédoine, père d'Alexandre le Grand.

PLINE L'ANCIEN : (Caius plinius secundus, 23-79) Ecrivain latin, auteur de nombreux traités et d'une "histoire naturelle". Trouva la mort à Pompeï, lors de l'éruption du Vésuve.

PLUTARQUE : Biographe et moraliste Grec (vers 46/49-vers 125).

POMPEE : (Cnaeius Pompeus Magnus) Consul et homme politique romain (106-48 av.J.C.). Il fut vaincu par Jules César à Pharsale.

SCIPION EMILIEN : Chef de l'armée romaine qui, en 146 av.J.C. s'empara de Carthage et la détruisit.

SCYLLA : Monstre marin représentant une femme dont la partie inférieure figure un serpent à deux têtes canines.

SEPTIME-SEVERE : Empereur romain de 193 à 211.

INDEX GENERAL

ARCHITRAVE : En architecture, la partie qui repose immédiatement sur les chapiteaux des colonnes.

ATTIQUE : Ce qui est propre à Athènes dans l'Antiquité.

CARDO : La cadastration d'une ville d'époque romaine, occupant généralement un espace de forme rectangulaire, est formée de voies se recoupant à angle droit. Le Cardo est l'une de ces voies orientées selon un axe nord-sud et recoupant à angle droit des voies orientées selon un axe est-ouest appelées "decumani" (decumanus).

CELLA : C'est la pièce du temple où se place la statue de la divinité.

DECUMANUS : voir Cardo.

DOMINUS : Grand propriétaire terrien, résidant à la campagne à l'époque romaine.

EL HAOUARIA : Ville du Cap-Bon où ont été exploitées de grandes carrières de grès coquiller, aux époques puniques et romaines et au moyen âge.

EUBEE : Ile grecque de la mer Egée.

FORUM : C'est la place publique d'une ville d'époque romaine.

INSULA : Lot d'habitations dans une ville romaine. Il est délimité par deux decumani au nord et au sud et par deux cardines à l'est et à l'ouest (voir cardo).

KERKOUANE : Ville punique du Cap-bon, détruite par les Romains au cours de la 2ème guerre punique, ses ruines spectaculaires, offrent un grand intérêt pour la connaissance de l'urbanisme punique.

LECYTHE : Vient d'un mot grec qui désigne une petite cruche à bec arrondi.

LICORNE : Animal fabuleux. Cheval ayant une corne au milieu du front.

MAUSOLÉE : Monument funéraire, tombeau monumental.

MOBILIER FUNERAIRE : C'est l'ensemble des objets qui accompagnent le mort dans la tombe. Leur présence symbolise la croyance (des anciens) en une vie dans l'Au-delà.

NECROPOLE : Vient du grec "ville des morts". En archéologie ce terme désigne le cimetière des anciens.

PERISTYLE : Galerie à colonnes entourant une cour bordée de pièces (architecture romaine).

PUNIQUE : Ce terme s'emploie pour désigner ce qui relève des Phéniciens d'occident, plus précisément ceux de Carthage et des territoires qui étaient sous sa domination.

SCARABEES : Petits objets égyptisants, à caractère prophylactique, percés pour figurer dans un collier ou enchâssés dans une bague. Ils représentent un scarabée dont le revers (plat) est gravé de représentations figurées ou d'inscriptions hiéroglyphiques.

SUFFETES : Ce sont, chez les Puniques, les magistrats qui détenaient le pouvoir exécutif.

THERMES : C'est l'établissement thermal d'une ville d'époque romaine.

TRICLINIUM : Salle à manger romaine.

VILLA RUSTICA : C'est la résidence d'un dominus (voir dominus).

BIBLIOGRAPHIE

CINTAS P., Karthago, II 1951, p.88
Karthago, V, 1954 p. 89-154

FEVRIER, P.A., Une campagne de fouilles à Utique, Karthago VIII,
p.139-168

LÉZINE, A., Utique, Ed Société Tunisienne de Diffusion - Tunis 1970

Corpus des Mosaïques de Tunisie Vol. I, Fasc 2 Utique - INAA - Tunis
1974
Vol. I, Fasc 3 Utique et El Alia -
INAA

CHELBI, F.; PASKOFF, R.; TROUSSET, P., La baie d'Utique et son évolution depuis l'antiquité : une réévaluation géoarchéologique. Antiquités Africaines, 31, 1995, p. 7-51.

Conception et suivi technique
ABDERRAZAK KHÉCHINE

Photographies
© ABDERRAZAK KHÉCHINE
sauf pour les pages 12, 14, 15, 21 (milieu),
26, 35, 36, 37, 41, 43, 45 (gauche et haut à
droite), 46, 48 (bas), 52 (gauche), 53, 57.
NICOLAS FAUQUÉ
17, 28, 34 (bas à droite), 40
MOHAMED AYEB

Seléction de couleurs
GRAFI CENTER

Impression
IMPRIMERIE TUNIS CARTHAGE

Achevé d'imprimer le mois d'Octobre 1996
I.S.B.N : 9973-917-27-8